Le petit guide de l'hydroponie et l'aquaponie

Une introduction au jardinage efficace, prendre soin de ses plantes d'intérieur.

Anton van de Kamp

Première édition, 2020

Sommaire

Introduction

Ce petit guide est destiné aux jardiniers expérimentés désireux d'approfondir leurs connaissances en termes de jardinage. Il recense les 3 techniques majeures de culture hydroponique dans le domaine des plantes, pour enfin passer au niveau supérieur en terme jardinage.

Dans le monde des plantes, de nombreux débats font rage quant à la méthode de jardinage la plus efficace entre culture hydroponique, culture aquaponique et culture aéroponique.

Ici, nous parlerons respectivement de chacune de ces différentes méthodes de culture, de leurs avantages et inconvénients et comment les utiliser efficacement.

Ce livre est là pour vous aider à y voir plus clair à ce niveau. N'hésitez pas à consulter les dernières pages « autres livres », pour trouver d'autres livres du même auteur, ou « liens utiles », pour trouver du matériel adapté et recommandé.

Chapitre 1 : La culture Hydroponique

Qu'est-ce que l'hydroponie ?

L'hydroponie est une méthode de culture utilisée depuis très longtemps, pour de nombreuses cultures comme celles de salade, de tomate, de fruits et même de cannabis. Avec cette méthode, les plantes vont être cultivées directement dans de l'eau qui contiendra tous les éléments nutritifs, minéraux et oligo-éléments requis par ces dernières pour fructifier leur croissance et produire des fleurs et des fruits en grande quantité. Avec cette méthode de culture, les plantes poussent de manière « hors sol », dans des supports ou des substrats inertes comme des billes d'argile, des cailloux…

L'absence de sol éliminera complètement les mauvaises herbes et les organismes étrangers. Par conséquent, le travail à effectuer est considérablement réduit, tout comme l'utilisation d'herbicides et de fongicides. — *tu verras plus tard dans ce guide que, dans les cultures aquaponiques, l'utilisation d'engrais ou d'autres produits est totalement prohibée car il y a des poissons et des bactéries à ne surtout pas tuer dans le système. On devra notamment s'assurer du maintien de la vie de l'écosystème* — L'environnement contrôlé d'une culture hydroponique protègera donc tes plantes de la plupart des parasites atmosphériques. Les infestations fongiques pourront être traitées très efficacement en utilisant des fongicides ciblés sur une zone spécifiques de la plante (le plus souvent les racines). L'avantage indéniable d'une hydroponie est que l'on peut produire plus en moins de temps. C'est une culture intensive qui permet d'augmenter grandement la productivité des plantes.

De plus, l'hydroponie n'utilise que 20% de l'eau que nécessitent les cultures traditionnelles en terre pour la même plante. Cependant, le principal problème de cette technique de culture est qu'il faut remplacer périodiquement l'eau du système, qui sera appauvrie en éléments nutritifs. Pour surveiller les niveaux de nutriments, on va se fier à la conductivité électrique (l'EC) présente dans l'eau, qui sera vérifiée quotidiennement pour maintenir les niveaux au maximum. La solution nutritive du substrat devra impérativement être changée lorsque tout déséquilibre est détecté.

Les besoins énergétiques pour une plante ne se limitent cette fois-ci pas qu'à la lumière (contrairement à une culture en terre classique), mais aussi au système d'aération et de pompage de la solution nutritive, afin d'irriguer les racines tout au long de leur vie. L'hydroponie peut être faite en intérieur, sous un éclairage artificiel. On peut ainsi cultiver toute l'année. Le seul inconvénient est qu'il faut augmenter un peu sa facture d'électricité. (Voilà pourquoi on utilisera une lampe LED).

Faisons un petit récapitulatif des avantages d'une culture hydroponique :

- Aucun sol n'est nécessaire pour cultiver en hydroponie
- L'hydroponie produit des rendements élevés
- Les besoins en eau sont plus faibles que dans la culture traditionnelle
- Elle permet la culture (avec un bon rendement) dans de petits espaces
- Gain d'espace : tu peux produire plus dans un espace plus petit
- La croissance est accélérée grâce à l'optimisation de l'apport en eau et en nutriments
- La production est supérieure à une culture en terre classique
- Aucun risque de sous-arroser ou de sur-arroser tes plantes
- Les risques de maladies et de parasites sont réduits grâce à l'utilisation d'un substrat inerte

Maintenant, faisons un récapitulatif des inconvénients de la culture hydroponique *(car évidemment, tous ces avantages ont un prix à payer)* :

- Les installations hydroponiques sont plutôt chères, et parfois encombrantes ; il faut être un passionné
- Tu es obligé de contrôler et d'ajuster le pH et l'EC de l'eau quotidiennement
- Étant donné que la solution nutritive est apportée à la plante directement, il n'y a pas de terre pour faire tampon. Ainsi, la plus petite des erreurs d'ajustement du pH, de l'EC ou de dosage de la solution nutritive peut avoir de grosses conséquences sur tes plantes
- La consommation d'engrais est plus élevée car les plantes ont besoin de plus de nutriments dans le cadre d'une culture intensive
- Il n'y a pas de vie dans un système hydroponique
- La culture hydroponique est rarement organique
- Le produit final est de moins bonne qualité, a un léger goût d'eau

Tu connais maintenant les différents avantages et inconvénients des cultures hydroponiques. Cependant, la plupart des hydroponistes te diront que les plantes se développent beaucoup plus rapidement que celles en terre. Oui, c'est vraiment **l'avantage majeur** de cette méthode de culture. Les plantes en hydroponie se développent généralement entre 30 et 50 % plus rapidement que la culture en terre et te donneront de plus gros rendements. La raison principale à ce phénomène est le fait que les nutriments présents dans ce système sont largement disponibles pour les plantes. Ils sont suspendus dans l'eau et vont pénétrer directement le système racinaire de tes plantes, ils n'ont pas besoin de se frayer un chemin à travers la terre. La facilité d'accès aux nutriments permet aux plantes cultivées de préserver leur énergie pour produire des rendements absolument incroyables.

Toutefois, avant de débuter ce type de culture, rappelle-toi bien que la culture hydroponique permet de gagner en productivité. Mais comme toute optimisation, elle est inutile si tu ne maîtrises pas les bases du jardinage en intérieur. Alors prend de l'expérience avant de débuter ce système de culture, au risque de voir toutes tes récoltes échouer.

Le matériel pour une culture hydroponique

Concernant ce type de culture, tu peux bien évidemment la faire à la maison. - *le système D comme on l'aime* – Cependant, je te recommande d'acheter le matériel déjà prêt, cela coûte plus cher mais t'évitera des heures de construction. Avec le système D, tu peux investir davantage dans des éléments importants comme l'éclairage, tout en réduisant les coûts dans d'autres domaines.

<u>Matériel nécessaire :</u>

- Des graines
- Un système d'éclairage (LED ou HPS) et une suspension
- Un réservoir et un plateau hydroponique
- Une pompe à air
- Une pompe à eau
- Un substrat de culture
- Des pots ajourés (avec des trous)
- Des nutriments hydroponiques (engrais spécial)
- Un calculateur de Ph et d'EC
- Un hygromètre
- Un minuteur

Souvent, la plupart des débutants voient la culture hydroponique comme une installation de pointe, au top de la technologie. Oui, certaines peuvent l'être, selon le niveau de professionnalisme de la culture et du cultivateur.

Cependant, la plupart du temps, le système hydroponique dépendra de combien tu es prêt à investir, que ce soit en temps, en apprentissage et en argent. Tu peux commencer par de simples seaux en plastique, pour aller jusqu'aux systèmes d'auto-drainage ou à inondation. Tout dépend des moyens qui sont à ta disposition. Si tu veux avoir une installation ultra technologique, libre à toi. Mais des débutants peuvent très bien s'en sortir, voire même mieux réussir, avec des installations moins avancées. Tu peux directement démarrer en investissant dans un kit de démarrage hydroponique qui comprendra tout le matériel nécessaire pour passer de la terre à l'hydroponie. Il en existe à tous les prix mais généralement, ça démarre aux alentours des 200€.

Chapitre 2 : Dans quel milieu lancer sa culture ?

Les différents substrats dans les systèmes hydroponiques

En culture hydroponique, différents substrats peuvent être utilisés. Il va falloir que tu sélectionnes un milieu de culture qui te correspondra. A partir de ce substrat, les racines vont commencer à se développer dans le milieu de culture et dans l'eau, à la recherche de nutriments. Le fait d'utiliser un substrat inerte permet également à l'air (au Co2) d'avoir accès aux racines, les faisant se développer plus rapidement.

Ci-dessous, je listerai les milieux les plus communs utilisés par les cultivateurs. Toutefois, il en existe des milliers d'autres, chaque milieu possédant ses propres bienfaits uniques et certains fonctionnant mieux que d'autres selon la configuration du système hydroponique. *– je t'en dirai plus sur les différents systèmes à la suite des différents substrats –* Tout sera question d'expérimentation, de tests. Essaie et choisis ce qui te conviendra le mieux.

La laine de roche

La laine de roche est un substrat crée à partir du basalte (une roche volcanique), qui est chauffé à plus de 1500°C avant de subir divers procédés de transformation pour finalement obtenir notre substrat tel que nous le connaissons.

C'est un substrat inerte (Ph d'environ 7) dont il convient de stabiliser le Ph avant de s'en servir comme milieu de culture. C'est pourquoi, avant utilisation, il faut le laisser tremper dans une solution nutritive (eau) avec une EC de 0,6 et un Ph de 5,5 environ pendant 24 heures. A la suite de ça, tu pourras commencer à l'utiliser pour semer tes graines. Cependant, il va falloir être très attentif par rapport à la stabilité en Ph et en EC de la laine de roche. C'est pourquoi je ne conseille pas l'utilisation de ce substrat aux débutants, mais plutôt à ceux qui ont déjà de bonnes bases et une maitrise de la culture hydroponique. Sinon, cela peut vite tourner au fiasco.

L'avantage à utiliser ce substrat est son importante capacité d'oxygénation qui permet de réduire considérablement la durée de la culture (environ 50% de temps en moins). Cependant, il faudra éviter le plus possible les éventuelles carences et procéder à une bonne alternance du rythme humidification et séchage pour avoir un résultat optimal. La laine de roche permet une excellente rétention d'eau et une hydratation de la partie haute du système racinaire. Tu peux même réutiliser les cubes pour plusieurs récoltes. Cependant, il faut les avoir nettoyés et reconditionnés correctement.

La fibre de coco

Pendant la récolte et le traitement des noix de coco, beaucoup de fibres et de poudre sont aussi récoltées. Lorsqu'on les mélange, on crée un substrat inerte : la fibre de coco.

La culture hydroponique en coco offre un avantage similaire à la laine de roche (mais légèrement moins efficace), sa grande capacité d'oxygénation permet un raccourcissement du temps de culture mais aussi un développement accéléré et vigoureux de la masse racinaire des plantes. Elle offre aussi un développement plus important de « trichodermas », un champignon qui renforce le système immunitaire des plantes. Mais la fibre de coco sèche plus rapidement, ce qui signifie qu'il faudra appliquer un arrosage chargé en éléments nutritifs plus souvent. Il faudra aussi faire attention aux éventuelles carences qui pourraient sérieusement endommager les plantes et surveiller les niveaux de Ph et d'EC constamment.

Meilleur sera l'équilibre entre arrosage et oxygénation, meilleurs seront les bénéfices apportés par la fibre de coco en termes de rendement.

Tout comme la laine de roche, il vaut mieux avoir un peu d'expérience en hydroponie pour tirer le maximum de bénéfices de ce substrat.

Les billes d'argile

Les billes d'argile, tout comme la laine de roche et la fibre de coco, conservent le même avantage majeur : réduire la durée du cycle de culture grâce à leur grande capacité d'oxygénation.

Si tu décides de choisir les billes d'argile, il faudra d'abord commencer par un nettoyage et une stabilisation du Ph du substrat. Il faudra donc les rincer, puis les placer dans un seau rempli d'eau au Ph ajusté à 5,5 et des niveaux d'EC de 0,5 environ. Et ce pendant 48 heures. Cependant, toutes les 12 heures (soit 4 fois), il faudra remplacer l'eau du seau par une nouvelle, avec des niveaux de Ph et d'EC équilibrés (5,5 et 0,5) pour effectuer une stabilisation efficace.

Si cette étape n'est pas réalisée correctement, il est fort probable qu'on observe des variations très brutales des niveaux de Ph et d'EC qui pourraient entrainer de sérieux problèmes pendant la culture, notamment au niveau de l'assimilation des nutriments par les plantes.

On peut également réutiliser ce substrat, mais il faudra procéder à un nettoyage poussé après chaque récolte. Sinon, les billes d'argile pourraient accumuler des sels minéraux au fil du temps et engendrer des problèmes pendant les prochaines cultures. Les billes d'argile sont stables et très bien pour débuter, à condition d'effectuer les nettoyages correctement. C'est un des substrats les plus courants en culture hydroponique.

La perlite

La perlite est souvent utilisée dans les cultures en terre, mélangée au terreau.

C'est également une très bonne option pour les cultures hydroponiques car elle offre une bonne oxygénation des racines. Elle convient parfaitement aux débutants. C'est un minéral qui possède des caractéristiques proches des billes d'argile. Elle n'absorbe pas l'eau mais la maintient en superficie pour que les racines puissent l'absorber sans problème. Cependant, il n'est pas recommandé d'utiliser uniquement de la perlite. Il faut la mélanger avec un autre substrat, comme la laine de roche.

Chapitre 3 : Les différents systèmes hydroponiques

Maintenant que tu en sais un peu plus sur les différents substrats pour ce type de culture, il convient de choisir le type de système que tu vas utiliser. Tous les systèmes sont plus ou moins similaires car ils utilisent tous une solution nutritive chargée en nutriments. Cependant, ils varient selon plusieurs facteurs, comme l'exposition et la circulation de l'eau. La plupart peuvent être soit achetés directement, soit fabriqués.

La culture en eau profonde (DWC)

Si tu débutes, c'est LE système à utiliser. C'est également le moins cher. Dans un système DWC *(Deep Water Culture)*, les plantes vont être placées (suspendues) dans des seaux remplis d'eau chargée en nutriments et une pompe à air oxygénera constamment la solution.
Quand on utilise un système DWC, il y a peu d'entretien à effectuer. Tu peux même le laisser tourner pendant 24 heures sans rien toucher. Les système DWC sont entièrement automatisés et apporteront la quantité de nutriments et d'oxygène idéale à tes plantes. Il est recommandé de commencer avec de la fibre de coco ou bien des billes d'argile pour ce système de culture hydroponique.

Dans une culture DWC, il te faudra :

- Un réservoir d'eau et de nutriments
- Des paniers DWC

- Une pompe à air pour l'aération

Concernant le renouvellement de l'eau du réservoir, il faudra la changer toutes les 2 semaines – 1 mois environ. Mais pour le faire efficacement, il faudra s'équiper d'un bon PPM/EC mètre.

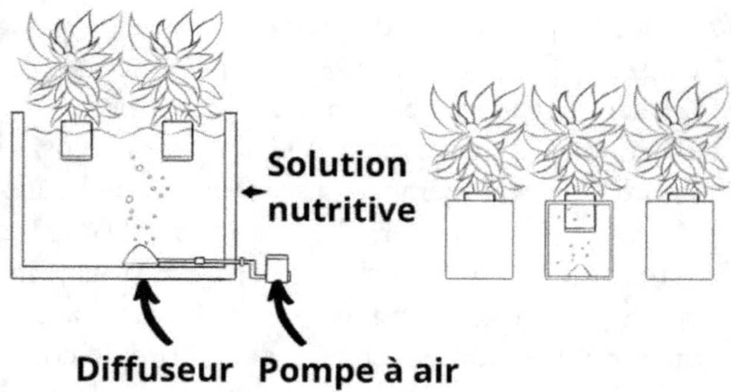

Le système Goutte à Goutte

C'est un système populaire dans lequel on contrôle la fréquence et la quantité d'arrosage des nutriments des plantes. Il est constitué d'une série de tuyaux et de compte-gouttes qui vont relier le réservoir d'eau à chacune des plantes. Puis, la quantité d'administration et les fréquences seront contrôlées par une minuterie. Tu n'as même pas besoin d'être présent pour les nourrir, cela te fait économiser du temps et de l'argent.

Cependant, ce système possède des inconvénients. Premièrement, ce n'est pas le système le plus simple à mettre en place. Les tuyaux doivent être nettoyés régulièrement car les algues ou l'accumulation des nutriments pourraient réduire, voire stopper, le débit d'eau. Concernant l'installation, les plantes seront placées dans un bac de culture et chacune possèdera son propre tuyau. Le réservoir externe viendra distribuer constamment des gouttes d'eau à chaque plante grâce à une pompe et un bulleur. Les racines seront constamment exposées à l'air et l'excédent d'eau retournera dans le réservoir. Les billes d'argile sont les plus adaptées pour ce type de culture.

Dans un système goutte à goutte, il te faudra :

- Un réservoir d'eau et de nutriments
- Des bacs de culture (ou seaux)
- Des paniers ajourés
- Une pompe à eau
- Un bulleur
- Des tuyaux

Concernant le renouvellement de l'eau du réservoir, il faudra la changer toutes les 2 semaines – 1 mois environ. Mais pour le faire efficacement, il faudra s'équiper d'un bon PPM/EC mètre.

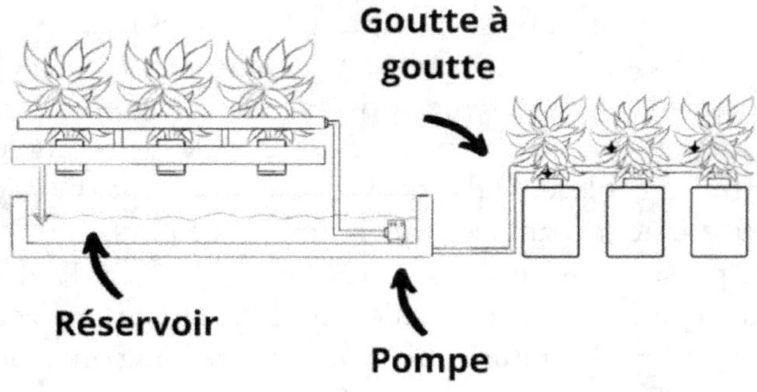

La table à marée (EBB & Flow)

Ce système n'est pas cher et très efficace. Il permet d'automatiser le processus et convient parfaitement pour les débutants. Les plantes vont être mises dans des pots ajourés, qui seront eux-mêmes placés dans des bacs de culture (ou des seaux) qui seront alimentés en eau depuis le réservoir grâce à une pompe, lorsqu'elle est activée. Une fois la pompe éteinte, l'eau retournera dans le réservoir à cause de l'effet de « débordement ». Les racines sécheront un certain temps et s'oxygèneront.

Pendant la phase d'inondation de la table à marée, la plante sera affamée d'oxygène et en absorbera le plus possible quand les racines seront sèches. Et inversement pendant la phase de drainage.

L'avantage majeur de ce système est qu'il est très facile à entretenir et fonctionne de manière totalement automatisée. Très silencieux, peu encombrants et ne nécessitant que très peu de consommation énergétique, les systèmes EBB & Flow font partie des meilleurs systèmes de culture hydroponique. Cependant, tous ces avantages ont bien évidemment un prix. Dans ce type de système, si une seule chose ne convient pas, tu risques de ruiner l'intégralité du système, et donc des plantes. Il nécessite beaucoup de surveillance, surtout quand l'équipement est neuf et que tu débutes. Également, il peut entrainer des maladies racinaires ou une insuffisance d'éléments nutritifs si tu négliges l'assainissement et l'entretien du système.
Ainsi, il faut remplacer la solution nutritive (l'eau) chaque semaine dans ce système et nettoyer ce dernier entièrement entre chaque culture.

Le système consiste en plusieurs bacs, suspendus au-dessus d'un plateau, et comprend une entrée et une sortie d'eau. Ces deux points sont connectés à un réservoir externe qui contient les nutriments et à une pompe qui permet de déplacer l'eau entre le réservoir et le plateau. Une fois le cycle de pompe terminé, toute l'eau est drainée en dehors du réservoir externe. Ce système permet une nutrition périodique. Le moment durant lequel le réservoir est vide te permettra de t'occuper des racines des plantes et de la récolte.

Concernant l'inondation en elle-même, 2 à 4 fois par jour devrait faire l'affaire.

Dans un système EBB & FLOW, il te faudra :

- Un réservoir d'eau et de nutriments
- Des bacs de culture (ou seaux) installés au-dessus du réservoir
- Des paniers ajourés
- Une pompe à eau avec minuteur intégré
- Des tuyaux en caoutchouc

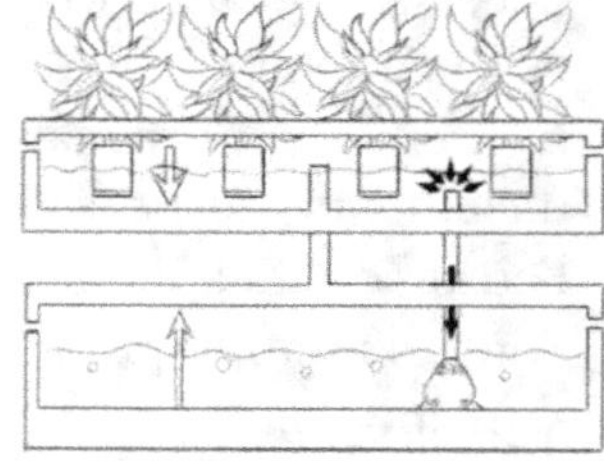

Le système à mèche

C'est un système qui utilise un processus similaire au goutte à goutte et à l'EBB & FLOW. Les plantes sont placées dans des bacs de culture, juste au-dessus du réservoir d'eau depuis lequel plusieurs mèches s'échappent et pénètrent dans le milieu de culture.

L'eau va remonter à travers ces mèches et hydrater le milieu de manière totalement passive. Aucune pompe n'est nécessaire pour ce système. Il est très simple à créer et à utiliser, demande très peu d'entretien et convient parfaitement pour les débutants. Il ne requiert aucun équipement spécifique : un réservoir, des bacs de culture, des pots ajourés et des mèches, tout simplement. Cependant, l'aspect crucial se portera sur le choix de la mèche, il en faudra une de qualité. — *corde en nylon, franges de serpillères (propres), bandes en propylène* — Et pour de meilleurs résultats, utilise deux mèches par plante.

Le fonctionnement est très simple : tout le système repose sur les mèches. « L'action capillaire » est un processus naturel dans lequel un liquide va se déplacer à l'encontre de la gravité, à travers un tissu, un bandage ou une mèche. La plante fera elle-même monter l'eau dans ses racines et aspirera donc seulement le liquide dont elle a besoin. La mèche doit être assez longue pour, d'une part être immergée dans le réservoir d'eau, et d'autre part être en contact avec le système racinaire des plantes.

Cependant, ce système possède aussi des inconvénients :

- Très peu adapté aux grandes plantes qui boivent beaucoup
- Le milieu de culture peut conserver les nutriments, causant une accumulation toxique pour les plantes
- L'eau peut stagner dans le réservoir
- Si le système n'est pas nettoyé régulièrement, la moisissure peut faire son apparition
- L'apport en oxygène peut être un problème

- Il faut tester régulièrement la solution pour être certain des niveaux de Ph et d'EC

Pour pallier le manque d'oxygène qui est un inconvénient majeur, une pompe à air peut être ajoutée dans le système. Elle apportera l'oxygène nécessaire aux plantes et évitera une accumulation de diverses maladies.

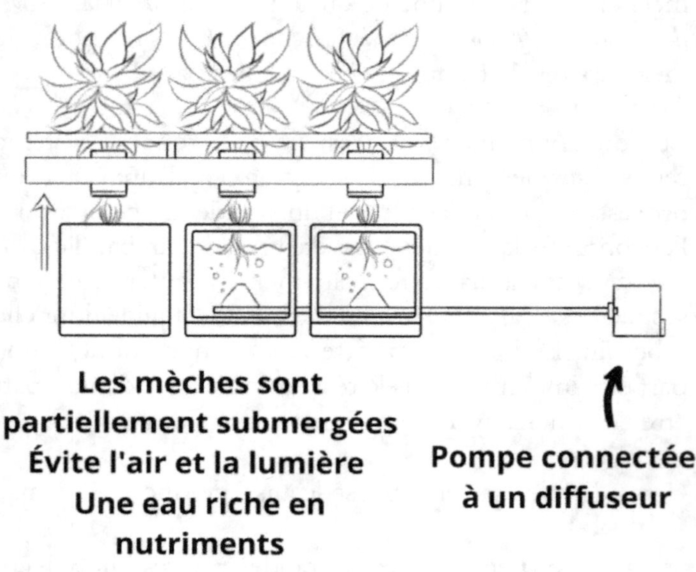

Le Film Nutritif (NFT)

Le système NFT *(Nutrient Film Technique)* implique de placer les plantes au sein d'un tube incliné, pour que l'eau puisse entrer d'un côté et sortir de l'autre grâce à la gravité. Les racines vont se développer à l'intérieur du tube dans lequel elles seront exposées au flux de l'eau. L'eau y pénètre depuis un réservoir, à l'aide d'une pompe et d'un bulleur, et y retournera une fois son cycle terminé.

C'est un système complexe à monter, qui nécessite de l'expérience. Mais une fois assemblé de manière optimale, il produira des récoltes incroyables.

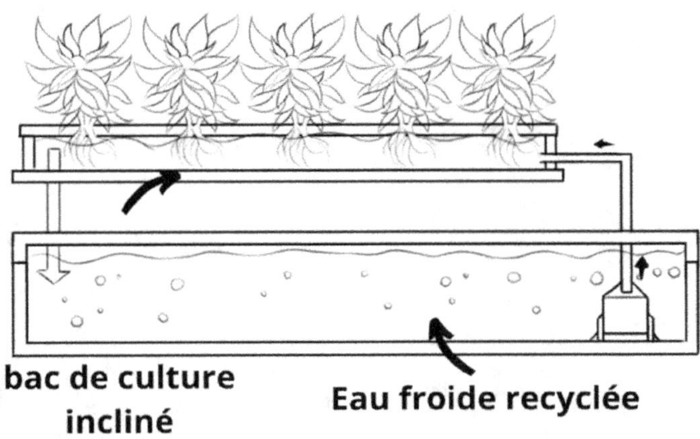

Chapitre 4 : La préparation à l'hydroponie et l'entretien

Préparer ses équipements

Après avoir opté pour le système qui te conviendra le mieux, il est nécessaire de bien préparer son matériel afin de prévenir de la moindre situation fâcheuse qui pourrait mettre tes récoltes en péril. Les réservoirs d'eau, du fait de leur conception, sont propices à la prolifération de pathogènes. Avant de débuter, tu dois stériliser la totalité de ton équipement afin de minimiser les éventuels risques de contamination. Nettoie tes seaux, bacs, tuyaux et réservoirs à l'alcool à 90 degrés et à l'eau chaude. Une fois que ton système sera stérilisé, tu pourras commencer à le monter et démarrer ta première culture hydroponique.

L'entretien du système

Tous les systèmes hydroponiques demandent un entretien régulier afin d'avoir des conditions et un environnement de culture le plus optimal possible. Ci-dessous, je vais te lister les facteurs majeurs qu'il faut impérativement prendre en compte.

<u>Toujours surveiller les niveaux de Ph</u>

Il faut constamment surveiller le Ph de l'eau pour être certain d'avoir un espace de culture optimal et une solution nutritive adaptée. Les nutriments sont mieux assimilés par les plantes lorsque l'environnement est légèrement plus acide que basique. Ainsi, un pH entre 5,5 et 5,8 est nécessaire. — *Toutefois, cela peut varier selon les plantes et la variété que tu cultives* - Utilise un testeur de Ph pour faire des analyses régulières et assure-toi de changer l'eau régulièrement, une fois par semaine ou toutes les deux semaines afin de rester dans ces valeurs.

<u>Garder l'eau à une température de 20°C</u>

La température idéale pour les plantes dans un système hydroponique est de 20°C. — *encore une fois, tout dépendra du type de plante* - Il faut impérativement contrôler cette mesure chaque jour et rehausser la température de l'eau avec un chauffeur d'eau si jamais cette dernière tombe trop bas. Également, il faut changer l'eau et la remplacer par une eau à 20°C quand les températures sont trop hautes pour limiter la prolifération de bactéries.

<u>Fournir une quantité suffisante de nutriments</u>

Ne fais pas l'erreur : opte pour des engrais spécialement conçus pour les cultures hydroponiques plutôt que d'utiliser des engrais pour la culture en terre classique.

Les produits achetés t'expliqueront (normalement) sur l'étiquette la fréquence d'apport de nutriments et les ratios de dilution des engrais. Mets-toi bien en tête que toute erreur de dosage ou une mauvaise gestion se remarquera immédiatement sur tes plantes car il n'y a pas de terre pour faire tampon et ainsi minimiser les effets d'un mauvais dosage. — *tu te loupes, ta récolte est foutue. C'est aussi simple que ça —*

L'équipement doit rester propre

Pour éviter tout risque de contamination, la totalité de tes équipements doit rester propre. Les réservoirs à eau seront vidés et nettoyés toutes les 3-4 semaines. Ceci permettra à tes plantes de minimiser les risques de pathologie et avoir des conditions de culture optimales. Il faudra reproduire le même processus que lors de la mise en route du système, à savoir tout désinfecter. — *Sauf les plantes et leurs racines, bien entendu ! —*

Sélectionne une plante adaptée pour ce type de culture

En culture hydroponique, la sélection d'une certaine variété est un processus très important. Notamment car la croissance des plantes qui grandissent dans de tels systèmes va être très rapide et explosive.

Chapitre 5 : La culture aquaponique

Qu'est-ce que l'aquaponie ?

L'aquaponie, à la différence de l'hydroponie, est une méthode de culture beaucoup plus complexe qu'une simple utilisation de l'eau. On peut dire que c'est une combinaison entre l'hydroponie classique et la pisciculture (l'élevage de poissons). Elle est notamment basée sur un « écosystème » dans lequel les plantes et les animaux se soutiennent mutuellement. — *bon, ce ne sont pas vraiment des animaux, mais sous ce terme j'ai regroupé les poissons, les vers et les bactéries, donc je dis animaux. Ça te pose un problème ?* — Tu es en quelque sorte en train de créer un écosystème qui se suffit à lui-même et qui fonctionnera de manière totalement autonome.

Les déchets « azotés » des poissons produits dans l'espace d'aquaculture vont être utilisés comme engrais pour les plantes cultivées en hydroponie. — *les plantes sont toujours cultivées en hydroponie car avec de l'eau, mais le système est appelé aquaponie grâce à l'écosystème* — Les racines, quant à elles, agiront en tant que filtre biologique pour nettoyer l'eau. En fait, l'aquaponie repose sur le cycle de vie de l'azote qui est présent dans la nature. L'azote est obtenu par la liquéfaction de l'air au sein du bassin à poissons, grâce aux poissons. Également, les autres espèces vivant dans le bassin, les vers et les bactéries, vont aider à dégrader les déchets des poissons en les transformant en nitrates, qui seront ensuite absorbés par les plantes.

Donc on crée une relation naturelle entre animaux et plantes, où la symbiose règne dans l'écosystème. Ainsi, l'eau qui circule dans un circuit aquaponique est toujours propre. Elle n'est volontairement pas recyclée, ni changée, et tourne en circuit fermé. Ce type de système peut être aussi bien installé en intérieur qu'en extérieur.

Les seuls intrants dans la totalité du système seront la nourriture des poissons et l'électricité pour alimenter les pompes qui vont le faire tourner et faire circuler l'eau des poissons jusqu'aux plantes. Et inversement. On n'a ainsi aucune perte d'eau, hormis la transpiration foliaire des plantes. Mais le taux d'évaporation est si faible qu'on économise environ 98% de l'eau totale qui aurait dû être utilisée dans une culture classique en terre et environ 50-70% d'une culture hydroponique basique.

C'est un système de culture que j'aime par-dessus tout. Aucun produit chimique ou externe n'est appliqué aux plantes, une simple relation entre plantes – poissons comme on peut le trouver dans la nature.

Quels sont les différents avantages et inconvénients de ce type de système ?

Commençons par les différents avantages *(autres que ceux procurés par l'hydroponie en règle générale)* :

- C'est un écosystème stable et équilibré
- Il s'agit d'une culture organique car on ne peut pas traiter les plantes sous peine de tuer les poissons ou l'écosystème entier
- Aucun rejet d'eau car le circuit est fermé (hormis la transpiration foliaire)
- Les seuls intrants sont la nourriture des poissons et l'électricité pour faire tourner le système
- 98% de consommation d'eau en moins que dans une culture classique en terre
- Le goût des fruits (et des plantes) est extraordinaire, contrairement à l'hydroponie ; il y a une véritable saveur
- L'aquaponie coûte moins cher que l'hydroponie

En plus, pour se lancer en aquaponie, c'est relativement simple si tu connais les bases de la culture hydroponique. Si tu souhaites devenir cultivateur organique avec de gros rendements, c'est vers ce système que tu dois te tourner car tu produiras en gros et ce de façon 100% naturelle, sans aucun engrais. A ce jour, il n'existe aucune méthode plus efficace pour produire autant avec si peu de ressources, de dépenses et avec un goût incroyable. Maitriser ce type de culture est l'un des summums du jardinage.

Mais c'est un processus difficile à dompter sans expérience car il faut passer par tous les différents types de culture au préalable. Cette méthode demande plusieurs années d'expérience en culture en terre et hydroponique pour arriver à ce stade. *— si on était dans un jeu vidéo, ce serait le boss final en quelque sorte —*

Mais quels sont les inconvénients de ce type de culture *(autres que ceux procurés par l'hydroponie en règle générale)* :

- L'aquaponie requiert des connaissances en aquariophilie (s'occuper d'animaux aquatiques, de plantes marines et gérer un milieu aquatique dans un bassin ou un aquarium).

- En aquaponie, on est obligés de faire un compromis pour le Ph de l'eau afin qu'il s'ajuste aux poissons et aux plantes. Ainsi, un Ph de 6,8 à 7 est recommandé et ne doit pas être dépassé.

- Le risque de perte en cas de défaillance du système est énorme, tu peux perdre l'intégralité de ta récolte et de tes poissons. Contrairement à un système hydroponique qui possède des cycles de vidange toutes les 5-6 heures, en aquaponie les cycles sont très courts et reprennent toutes les 30 minutes — 1 heure. Donc la panne d'un équipement (même brève) provoquera la mort de tout l'écosystème.

- Les déchets produits par les poissons peuvent bloquer plus facilement un système aquaponique en cas de mauvaise filtration de l'eau.

L'aquaponie n'est pas faite pour tout le monde. Si tu débutes ou que tu as peu d'expérience, ne te jette pas dans l'aquaculture, ce serait un combat perdu d'avance. Même des cultivateurs experts en hydroponie ne savent pas forcément cultiver de cette manière car il faut avoir des connaissances en pisciculture et savoir travailler en organique, c'est-à-dire sans engrais chimique qui font grandir les plantes ou résolvent absolument tous les problèmes. Beaucoup de recherches, d'études et des années d'expérience sont nécessaires pour maitriser ce système de culture. Mais il te sera récompensé au centuple.

Si tu te lances dans ce type de culture, restes-en aux modes d'installation hydroponiques car tu ne pourras pas récolter de grosses quantités dans des conditions semblables à celle d'un marais. Une tuyauterie d'excellente qualité et une filtration supplémentaire te seront nécessaires pour éviter tout blocage du système de filtration. Détermine ensuite le ratio optimal de poissons par plante pour ton système, ce sera le plus grand défi. Conçois des systèmes uniques à une vingtaine de plantes et crées-en d'autres, car si jamais la totalité de la culture tourne sur un même circuit et qu'il y a un problème, t'es grave dans la m****.

Le système aquaponique

Créer un système entièrement autonome prend du temps, beaucoup de temps. Les bactéries nitrifiantes doivent coloniser le réservoir du système, sinon tes plantes risquent d'avoir toutes sortes de carences en nutriments.

Et élaborer une colonie de microbes bénéfique aux racines des plantes ne se produit pas du jour au lendemain. Voilà pourquoi, lorsque l'on crée un système racinaire, il convient de mettre en place une double zone racinaire. Dans ce type de culture, les pots sont surélevés par des galets en argile pour séparer la zone racinaire des parties aqua. L'objectif étant de supplémenter la zone racinaire supérieure, sans risque de tuer les poissons, le temps que les bactéries fassent leur apparition. Cette supplémentation deviendra de moins en moins importante et problématique au fur et à mesure que le système évoluera, afin de devenir ensuite autonome.

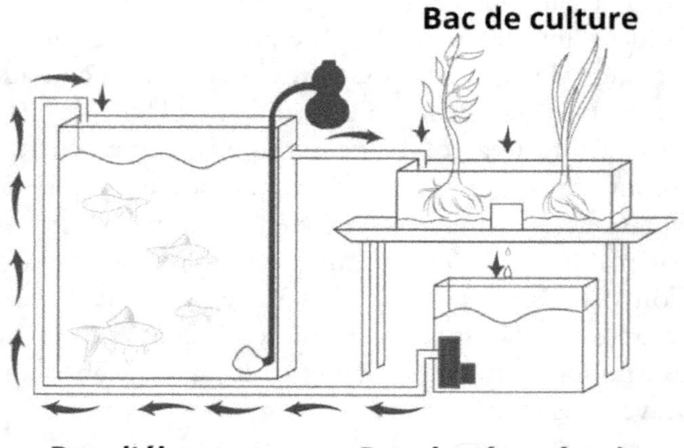

Au fil du temps, quand tu en tireras une expérience significative, tu finiras par ajuster le système et reconnaitre certains signes. De nombreux essais et erreurs seront nécessaires pour te faire la main et comprendre comment ce système marche. Alors si tu échoues les premières fois, c'est tout à fait normal. L'objectif est de créer un système qui se répétera continuellement, nécessitant un minimum d'entretien.

Pour ce type de culture, il vaut mieux privilégier des lampes LED de qualité supérieure pour assurer une efficacité énergique aux plantes sans les brusquer.

Pour se lancer dans ce type de culture, disons que si tu as déjà un système hydroponique installé et que tu sais comment il fonctionne, tu auras déjà fait une bonne partie du boulot. Un cultivateur qui possède un système hydro standard pourra facilement faire la transition à bas prix. Des kits sur-mesure, qui convertissent un aquarium classique de 50L en un système autonome, peuvent être trouvés sur internet.

Chapitre 6 : Les différences majeures entre hydroponie et aquaponie

Évidemment, ces deux types de culture comportent de nombreuses similitudes, notamment car l'aquaponie est constituée à 50% d'une culture hydroponique. Ils utilisent tous les deux de l'eau riche en nutriments et oxygénée dans laquelle les racines vont baigner. Il existe cependant beaucoup de différences, qui traduiront un net avantage de l'aquaponie sur l'hydroponie.

La vitesse pour débuter

Sur ce point, c'est l'hydroponie qui gagne sur le court terme car dans une culture hydroponique, on ajoute les nutriments et ça démarre immédiatement. Tandis qu'en aquaponie, il faut environ un mois avant de cycler le système, c'est à dire avant de développer les bactéries bénéfiques au sein du système. – *Le cycle de l'azote* – Les déjections des poissons ne seront pas converties en nitrates tant que tout le système ne sera pas cyclé.

Les éventuelles maladies

L'inconvénient en hydroponie, c'est que l'on doit constamment stériliser et nettoyer l'intégralité du système, au risque de voir apparaitre des maladies. Celles-ci sont pour la plupart inexistantes en aquaponie. C'est en fait grâce à l'écosystème qui est créé. La totalité des organismes vivants dans ce système vont réguler et s'occuper des éventuels problèmes. En plus, le niveau d'oxygène est très élevé et les vers de compostage vont nettoyer toute matière végétale morte. Les seules maladies qui peuvent survenir sont celles dues aux carences en nutriments.

Le niveau de Ph

En aquaponie, le Ph optimal se situe entre 6,8 et 7. Il est donc plus proche de celui de la nature. Tandis qu'en hydroponie, il est aux alentours de 5,5 à 6 (en règle générale).

Le niveau d'EC *(Electro-conductivité)*

L'EC est la mesure des sels de la solution nutritive. Elle fait partie des mesures que l'on doit prendre en considération en culture hydro. Elle permet de connaître le niveau de concentration en éléments nutritifs. Mais en aqua, on ne peut pas mesurer les niveaux d'EC car les plantes sont alimentées par des déchets organiques de poissons et non par des sels. Ainsi, la mesure est inefficace dans ce type de système. Les seuls niveaux à mesurer, une fois le système cyclé, sont la température, le Ph et les nitrates. Si le niveau de nitrates est faible, alors il faut ajouter plus de poissons. S'il est élevé (plus de 50 ppm), il faut ajouter plus de plantes ou agrandir le bac de culture.

L'écosystème

La culture aquaponique met en place un écosystème complet. Les poissons, les plantes, les vers et les bactéries cohabitent pour former un tout et chacun a des fonctions spécifiques au sein de celui-ci, ce qui le rend parfaitement équilibré. — *Dame nature est si belle* - Dans une culture hydroponique, on crée un système pour cultiver les plantes dans des conditions optimisées de culture.

La productivité / Le rendement

Une fois le système aquaponique pleinement « cyclé » (environ 6 mois de développement), on constate une très nette augmentation de la rapidité et de l'efficacité de la croissance des plantes, ainsi que de bien meilleurs rendements que pour une culture hydroponique.

L'entretien

Un système aquaponique est tellement plus facile à entretenir ! On n'a pas à vérifier l'EC une fois par jour, ni même à nettoyer tout le matériel tous les 15 jours. L'écosystème va équilibrer les éléments les uns par rapport aux autres. Il suffira simplement de vérifier le niveau de Ph une fois par semaine et celui de nitrates une fois par mois, c'est tout.

La vidange du circuit

Dans un système aquaponique, il suffit de compenser l'eau évaporée par la transpiration foliaire. Aucun déséquilibre nutritif n'est possible dans ce type de culture. Tandis que dans les cultures hydroponiques, l'eau doit être jetée et remplacée très souvent pour corriger ces déséquilibres nutritifs.

La température de l'eau

Habituellement, l'eau chaude est un terrain de chasse idéal pour les champignons qui risqueraient de s'attaquer à tes plantes. C'est pourquoi, en culture hydroponique, il ne faut jamais dépasser les 20°C. Cependant, dans un système aquaponique, plus il fait chaud et plus les poissons auront faim. Également, les différentes bactéries qui régissent le système sont bien plus actives quand l'eau est tiède, cela offrant une meilleure protection pour les plantes.

La lutte contre les insectes

En aquaponie, il faudra accorder une attention toute particulière au contrôle des insectes. L'utilisation de l'huile de Neem est recommandée. Mais en trop forte quantité, elle deviendra nocive pour tes plantes et le système entier. Généralement, une culture aquaponique en intérieur sous tente ne devrait pas poser de problème.

La récolte

En hydroponie, on utilise des nutriments constitués de produits chimiques et de sels pour nourrir les plantes. Tandis qu'en aquaponie, la nourriture est végétale : elle est faite de déchets de poissons que les bactéries convertissent en nourriture pour les plantes. Ce système rend ainsi les récoltes naturelles et organiques.

Alors, hydroponie ou aquaponie ? Et pourquoi pas l'aéroponie ?

Chapitre 7 : Qu'est-ce que l'aéroponie ?

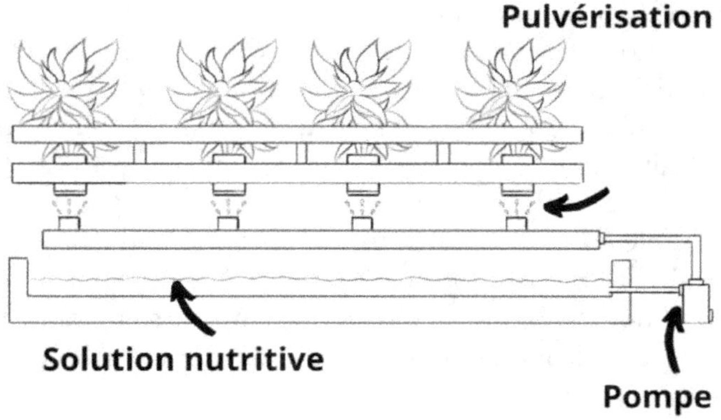

Avant toute chose, l'aéroponie fait partie des cultures hydroponiques. La méthode suit les mêmes principes. La seule différence réside dans le fait que l'aéroponie n'utilise aucun substrat de culture. Les plantes sont suspendues dans l'air. L'eau et les différents nutriments sont apportés aux racines par vaporisation, par une fine brume d'eau à intervalles réguliers. Ainsi, les plantes cultivées grâce à ce système sont constamment exposées à l'oxygène et à l'humidité et peuvent ainsi révéler leur potentiel maximal d'absorption et le transformer en une croissance explosive.

C'est une méthode de culture tout de même très avancée. On utilise de l'eau brumisée qui est dispersée dans l'air pour optimiser l'aération et l'hydratation. Cette méthode de culture utilise une faible quantité d'eau et de nutriments pour faire grandir les plantes. Cela permet non seulement de réduire tes dépenses, mais aussi de raccourcir encore une fois la durée du cycle de culture. Toutefois, cette méthode n'est vraiment pas conseillée aux débutants. La culture aéroponique est une promesse de résultats spectaculaires si tu es capable de maitriser parfaitement le climat de ton espace de culture. Car privées de substrat, les racines vont être extrêmement sensibles à tout changement de température. Il faut garder ton espace entre 20 et 24 °C pour avoir des conditions idéales de culture. Également, tout comme la culture hydroponique, le contrôle du Ph et de l'EC sera déterminant.

Comment fonctionne l'aéroponie ?

Les systèmes aéroponiques, tout comme les systèmes hydroponiques, sont composés d'un réservoir et d'une jardinière surélevée. Les plantes vont être placées dans des pots en filets. Mais contrairement à l'hydro où les racines trempent dans la solution nutritive, en aéroponie, les racines vont être suspendues dans les airs et ne seront pas en contact direct avec l'eau.

Un pulvérisateur va apporter une brume d'eau chargée en nutriments aux racines grâce à des jeux de tuyaux et de buses. L'excès d'eau sera récupéré dans la jardinière et retournera dans le réservoir. On fait généralement démarrer les graines dans de la laine de roche, puis on les place dans des pots en filets qui permettent aux racines de pousser à l'extérieur du pot. Un film de protection est placé autour de la base de la tige pour éviter d'éventuelles lésions et l'évaporation de l'eau.

Il existe deux systèmes principaux dans cette méthode de culture : le système basse et le système haute pression. Les systèmes basse pression sont les plus utilisés car on peut les fabriquer maison. Les systèmes haute pression, quant à eux, sont plus performants. La différence entre ces deux systèmes provient du fait que les molécules d'eau sont projetées différemment. Plus la taille de la molécule de l'eau sera fine et plus elle profitera rapidement aux plantes. Les systèmes haute pression utilisent des brumes d'eau très fines, tandis quand les systèmes basse pression, généralement bricolés-maison, utilisent des gouttelettes plus grosses et profitent moins rapidement aux plantes.

Les systèmes aéroponiques basiques contiennent :

- Un réservoir d'eau
- Une pompe à eau
- Des gicleurs
- Un filtre
- Une chambre racinaire
- Un jeu de tuyau et de buses
- Des pots filets

Ces systèmes sont très efficaces, mais tu n'auras pas le droit à l'erreur si tu en utilises un. L'absence de substrat fait que toutes tes actions auront des conséquences immédiates sur les plantes. Voilà pourquoi ce système n'est vraiment pas recommandé aux débutants. Prends le temps de te faire la main et d'évoluer petit à petit. Comparé à un système hydroponique, l'aéroponie produit quasiment les mêmes résultats.

Les avantages et les inconvénients de ce système

Je vais maintenant t'expliquer les différents avantages et inconvénients de la culture aéroponique, car elle ne conviendra pas à tous les cultivateurs. Commençons par ses avantages :

- **Nécessite moins d'eau :** L'aéroponie est le système qui utilise le moins d'eau en comparaison de tous les autres. Les plantes auront toujours la quantité d'eau nécessaire, simplement apportée sous forme de brume.
- **On contrôle totalement les nutriments et l'environnement de culture :** Ce système nous donne un contrôle total sur les nutriments, les niveaux de Ph et d'EC. Cela signifie qu'on peut donner aux plantes la quantité optimale de nutriments et obtenir une croissance très vigoureuse. Cela permet notamment d'utiliser les ressources de manière efficace.
- **On administre directement les nutriments aux racines :** Il n'y a aucun substrat pour y faire obstacle : les nutriments sont directement

apportés aux racines grâce à un cycle de pulvérisation constant.

- **Un accès facile à l'oxygène :** Du simple fait que les racines soient suspendues dans les airs, les plantes ont un accès facile à l'oxygène, contrairement aux autres systèmes hydroponiques dans lesquels les cultivateurs doivent s'assurer de bien oxygéner la zone racinaire.

- **On gagne de l'espace :** Grâce à l'absence de milieu de culture, on économise une grande quantité d'espace et on peut ajouter autant de plantes que possible dans l'espace de culture. En aéroponie, on fait pousser beaucoup de plantes très proches les unes des autres. Cette uniformité et l'absence de sol rendent la récolte plus facile également.

- **Moins de risques de nuisibles :** Sans milieu de culture, pas besoin de s'inquiéter des nuisibles. Et également, tous les problèmes peuvent être très rapidement identifiés.

Passons maintenant aux différents inconvénients de ce type de culture :

- **Pas du tout adaptée aux débutants :** L'aéroponie nécessite un environnement contrôlé. Chacun des facteurs demande une attention particulière et laisse donc peu de place pour les erreurs, car sinon, les plantes vont en souffrir immédiatement. Bien que ce système puisse être automatisé, il aura toujours besoin d'être surveillé et entretenu pendant les phases de culture.

- **Un coût élevé :** L'équipement aéroponique coûte plutôt cher, sauf si tu le fabriques. L'investissement en vaut le coup, mais seulement si tu peux te le permettre.

- **Les erreurs sont fatales :** Comme on l'a expliqué plus haut, la culture doit être constamment surveillée. Il faut s'assurer que les tuyaux fonctionnent correctement et que les plantes reçoivent une quantité optimale de nutriments. Si quelque chose tourne mal, les plantes en souffriront immédiatement, ruinant l'intégralité de la culture.

- **La gestion des imprévus :** Une panne inattendue de courant ou d'une machine et la situation peut vite tourner au drame. Même si ça ne dure qu'une heure, les racines vont sécher et mourir. Il faut avoir prévu le coup avec un générateur de secours.

Les trucs et astuces pour une culture aéroponique

<u>Surveille de très près ton installation</u>

Garde toujours un œil sur tes plantes et ton système pour repérer tout problème mécanique, de croissance, de carence… Si tu remarques quelque chose qui ne va pas, il faut ajuster les changements par petits paliers. Ne sois pas radical car ce type d'installation fera que les plantes sont extrêmement sensibles aux moindres fluctuations.

<u>Mesure tout !</u>

Un EC, Ph et TDS mètre seront tes outils les plus importants dans ce type de culture. Le Ph idéal de l'eau se situe entre 5,5 et 6,5. La température, quant à elle, doit se situer entre 18 et 24°C idéalement.

Ajuste les nutriments

Avant de démarrer ce type de culture, il convient de t'informer sur les nutriments à utiliser et la manière de les administrer. Souvent, les fabricants de solution nutritive exagèrent les doses (pour la culture aéroponique). Commence plutôt par administrer ½ de la dose recommandée et augmente-la si ce n'est pas suffisant.

Utilise des lampes qui ne chauffent pas

Dans ce type de culture, l'eau ne doit pas trop chauffer. Si elle dépasse les 24°C, il y aura un risque accru de développement de pathogènes qui seraient nuisibles pour tes plantes. Les lampes HID ne conviennent pas pour ce type d'installation. Opte plutôt pour une LED de qualité avec sélecteur de croissance ou floraison pour aider les plantes, tout en maintenant une température idéale.

Conserve un environnement optimal

Tes plantes pousseront mieux à une température ambiante exacte de 21°C. Des températures inférieures ou supérieures se traduiront par des rendements réduits ou des problèmes pendant la culture. Il faut également conserver une bonne circulation de l'air dans l'espace de culture.

Le substrat dans les cultures aéroponiques

Comme expliqué précédemment, dans ce type de système, il n'y a pas de substrat. Le fait de ne pas en avoir se traduira par une véritable explosion racinaire, une croissance vigoureuse, rapide et une floraison exubérante.

Également, vu qu'il n'y a pas de substrat, il n'y a rien qui retienne l'humidité résiduelle dans l'espace de culture. Un manque d'arrosage peut très rapidement déshydrater les racines et cela serait difficile à rattraper ; les plantes risqueraient la mort. Il est donc essentiel d'avoir une pompe à eau de secours au cas où il y ait un éventuel problème. Il faudra aussi probablement investir dans une pompe qui contrôle le Ph pour être certain d'avoir un Ph stable à chaque arrosage afin que les plantes puissent absorber la totalité des nutriments et se développer correctement.

Le manque de substrat est donc en même temps une bénédiction, mais aussi un inconvénient majeur si un problème apparait. Il ne convient qu'à toi d'essayer ce système de culture afin de voir s'il te convient.

Épilogue

Nous arrivons aux dernières lignes de ce petit guide sur les différents types de culture hydroponique. Si tu l'as lu jusqu'à ces lignes, j'en suis réellement honoré et je voudrais te remercier chaleureusement. J'espère que sa lecture t'aura été utile. Désormais, la culture hydroponique n'aura plus aucun secret pour toi ; il n'y a plus qu'à essayer !

Si mon ouvrage t'a plu et qu'il t'a apporté une quelconque valeur, rien ne me ferait plus plaisir que si tu le partageais et le recommandais aux personnes autour de toi.

Si tu veux me contacter pour me poser d'éventuelles questions, je serais ravi de te répondre le plus vite possible ! A l'adresse : antonvandekamp@gmail.com

N'hésite surtout pas non plus laisser ton avis à propos du livre sur amazon, même succinct, cela m'aide énormément, je suis toujours à l'écoute de critiques constructives qui permettraient d'améliorer ce guide ou simplement de savoir si tu l'as apprécié et qu'il t'a été utile.

Alors même s'il ne fait que quelques mots, je te serais extrêmement reconnaissants de me laisser ton ressenti dans un commentaire.

Pour cela, il te suffit de flasher le QR code pour atterrir directement sur l'espace commentaire Amazon du livre.

Pense à la quantité de gens que tu aiderais simplement avec ce commentaire et avec ton avis honnête.

Merci encore pour ta confiance.

Amicalement,

Anton.

Les autres livres d'Anton Van de Kamp

ANTON VAN DE KAMP
LA CULTURE DE L'OR VERT EN INTÉRIEUR
"Le guide ultime d'un expert du cannabis pour cultiver facilement le cannabis en intérieur et tout connaître sur la culture intérieure"

SCAN ME

"Le guide complet qui permet de cultiver facilement le chanvre, l'extraire et tout connaître sur la culture du cbd thérapeutique"

Liens utiles

Petit kit complet de culture hydroponique débutant

Système de culture hydroponique 6 plantes

Système de culture hydroponique 20 plantes

Panier de culture hydroponique

www.ingramcontent.com/pod-product-compliance
Lightning Source LLC
Chambersburg PA
CBHW070825240726
48654CB00007B/474